Alexandre Drouet

Aus der Reihe: e-fellows.net schüler-wissen

e-fellows.net (Hrsg.)

Band 18

Forschung in Israel

GRIN Verlag

Bibliografische Information der Deutschen Nationalbibliothek:

Die Deutsche Bibliothek verzeichnet diese Publikation in der Deutschen National-
bibliografie; detaillierte bibliografische Daten sind im Internet über http://dnb.d-
nb.de/ abrufbar.

Impressum:

Copyright © 2013 GRIN Verlag GmbH
Druck und Bindung: Books on Demand GmbH, Norderstedt Germany
ISBN: 978-3-656-53904-9

Dieses Buch bei GRIN:

http://www.grin.com/de/e-book/264019/forschung-in-israel

GRIN - Your knowledge has value

Der GRIN Verlag publiziert seit 1998 wissenschaftliche Arbeiten von Studenten, Hochschullehrern und anderen Akademikern als eBook und gedrucktes Buch. Die Verlagswebsite www.grin.com ist die ideale Plattform zur Veröffentlichung von Hausarbeiten, Abschlussarbeiten, wissenschaftlichen Aufsätzen, Dissertationen und Fachbüchern.

Besuchen Sie uns im Internet:

http://www.grin.com/

http://www.facebook.com/grincom

http://www.twitter.com/grin_com

Wagenburg-Gymnasium Stuttgart

Seminarkurs Israel

17.05.2013

Forschung in Israel

Alexandre Drouet

alexandre.drouet.96@gmail.com

Inhaltsverzeichnis

I.   Einführung 3

II.   Anteil der Forschung am Erfolg der Landwirtschaft in Israel 4

III.   Entfaltung der israelischen Forschung nach 1948 6

IV.   Rolle der deutsch-israelischen Wissenschaftskooperation 7

V.   Neuorientierung der Forschung in Israel ab den 1990ern 9

VI.   Israel als Hightech-Nation 10

VII. Fazit 13

VIII. Literaturverzeichnis 14

       1.   Bücher und Artikel aus Zeitschriften/Sammelbänden

       2.   Internetquellen

Einführung

Israel ist ein rohstoffarmes und trockenes Land. Chaim Weizmann, Israels ers-
ter Staatspräsident, verdeutlichte dies mit den Worten „Intelligenz ist der einzige
Rohstoff, den wir haben"[1]. Gleichzeitig unterstreicht er auf die Weise die Not-
wendigkeit diese Intelligenz zu nutzen, und somit auch die Wichtigkeit der Forschung für die Entwicklung Israels. Dank dieser Forschung stieg Israel, Anfang
des 20. Jahrhunderts noch ein Wüstenland, zur Weltspitze in Sachen neue
Technologien auf.

Ein Beispiel dafür sind die zurzeit laufenden Übernahmegespräche zwischen
Facebook, dem potentiellen Käufer, und Waze, einem israelischen Startup-
Unternehmen, das ein Navigationsprogramm für mobile Geräte anbietet.[2] Investieren will Facebook dabei bis zu einer Milliarde US-Dollar, das wäre die teuers-
te Erweiterung der das soziale Netzwerk je unterzogen wurde. An diesem Beispiel sieht man, welch große Bedeutung auch kleinere israelische Startups für
große internationale Unternehmen haben kann, vor allem im Hightech- und In-
formatikbereich.

Das ist eine interessante Tatsache, aufgrund der ich in dieser Arbeit die Rolle
der Wissenschaft in der Entwicklung des Staates nachvollziehen und aufzeigen
werde, wie unverzichtbar sie für das heutige Israel ist.

---

[1] Chaim Weizmann, zitiert nach: Krauter, Ralf: Wissenschaft zwischen Thora und Terror:
http://www.dradio.de/dlf/sendungen/wib/180185/ zuletzt aufgerufen am 16.05.2013.
[2] Vgl. Spiegel Online: Übernahme-Gespräche: Facebook interessiert sich für Routenplaner
Waze: http://www.spiegel.de/netzwelt/web/facebook-interessiert-sich-fuer-routenplaner-waze-a-
899165.html zuletzt aufgerufen am 13.05.2013.

Anteil der Forschung am Erfolg der Landwirtschaft in Israel

Noch Anfang des 20. Jahrhunderts war Israel ein Wüstenland und doch findet man hierzulande, vor allem im Winter, gerne mal israelisches Obst wie zum Beispiel Erdbeeren, Bananen oder Ananas in den Supermärkten.[3] Wie ist das möglich? Sicher nicht ohne die Forschung. Sie brachte Israel die notwendigen Methoden und Werkzeuge für eine erfolgreiche Landwirtschaft, darunter vor allem innovative Bewässerungssysteme.

Die Wurzeln dieser Forschung reichen weit vor der Staatsgründung zurück.[4] Man kann sogar bis in die Antike zurückgehen, denn schon früh überlegten sich die Menschen Methoden, um die Wüste als Agrarfläche nutzen zu können. Dabei bewährte sich die sogenannte Sturzwasserlandwirtschaft. Diese bestand darin so viel vom seltenen Regenwasser wie möglich abzufangen, dieses umzuleiten und so gezielt Farmen oder Kleinparzellen zu fluten.[5] Es gibt Hinweise darauf, dass diese Art der Landwirtschaft bereits in der Neu-Steinzeit im Mittleren Osten erfunden wurde. Doch ist erst zur Zeit des Königs Salomo im damals dicht besiedeltem Negev bewiesen, dass mit solchen Methoden angebaut worden ist, „denn [Forscher] fanden Zisternen, Sturzwasserfarmen und terrassierte Wadis, die mit Sicherheit dieser Zeit angehören"[6]. Die Völker im Negev kamen und gingen aber die Sturzwasserlandwirtschaft blieb bestehen. Sie wurde praktiziert von den Nabatäern, den Römern und den Byzantinern, erst als die Araber um 638 n. Chr. das Land eroberten, verfielen diese Strukturen, die bis heute nicht wieder aufgebaut wurden.[7]

Erst mit der zionistischen Bewegung Ende des 19. Jahrhunderts änderte sich wieder die örtliche Landwirtschaft. Vor allem die Studenten unter den jüdischen Einwanderer wollten wieder mehr Kontakt zur Natur wagen und organisierten sich in ländlichen Gemeinschaftssiedlungen, den Kibbuzim.[8] Doch die meist

---

[3] Vgl. Hampel, Lea: Israels Wasserproblem: http://www.zeit.de/wissen/umwelt/2010-03/israel-wasser-krise/komplettansicht zuletzt aufgerufen am 11.05.2013.
[4] Vgl. Prime Minister's Office, National Council for Research and Development: Scientific research in Israel, S. 69.
[5] Vgl. Evenari, Michael: Ökologisch-landwirtschaftliche Forschungen im Negev, S. 29 ff.
[6] Ebd., S. 43.
[7] Vgl. ebd., S. 44.
[8] Vgl. The Israel Project: Israels Innovationen in der Landwirtschaft:
http://www.theisraelproject.org/site/apps/nlnet/content2.aspx?c=ewJXKcOUJllaG&b=7724169&ct=11494341 zuletzt aufgerufen am 12.05.2013.

aus Europa stammenden und oft improvisierten Farmer sahen sich schnell mit einer ungewohnten Wasserknappheit und schlecht bebaubaren Boden konfrontiert.[9] Bei einer immer wachsenden Bevölkerung war es also überlebenswichtig neue Methoden und Techniken zu entwickeln. Die Tatsache, dass sich unter den Bauern auch viele ehemalige Stadtbewohner und Intellektuelle befanden, vereinfachte den Dialog zwischen ihnen und den Forschern.[10] So dauerte es nicht lange, bis landwirtschaftliche Schulen und später auch erfolgreiche Agrotech-Firmen entstanden.

Gerade diese Firmen sind heute weltmarktführend, insbesondere wenn es um Bewässerungssysteme geht. Eigentlich kein Wunder wenn man bedenkt, dass der See Genezareth der einzige natürliche See in Israel ist. Sparsamer Umgang mit Wasser ist dort bitter nötig und doch wächst die Agrarfläche immer weiter, auch in den Negev hinein. Möglich machen das die großen Fortschritte der Wissenschaft in vielen Bereichen. Zum Beispiel löste die in einem Kibbuz gegründete Firma Netafim „die Revolution der Tröpfchenbewässerung aus"[11]. Dieses Unternehmen ist heute weltweit aktiv und israelische Produkte machen etwa 50% des Weltmarktes für Tröpfchenbewässerung aus.[12]

Es gibt aber noch weitere Bereiche, in denen eifrig geforscht wird. Zum einen die Wiederaufbereitung von Abwässern, wo viele israelische Unternehmen aktiv sind. 2008 wurde etwa 65% des städtischen Abwassers recycelt, das meiste davon kommt der Landwirtschaft zugute.[13] Ein weiterer wichtiger Punkt ist die Entsalzung von Meerwasser. Anlagen zu diesem Zweck gibt es in Israel bereits seit den 1950er, und sie sind bei steigendem Wasserkonsum immer mehr gefragt. Doch die Entsalzung ist ein sehr energieaufwändiges Verfahren, deshalb sind Experten auf der Suche nach einem günstigeren Weg, Salz und Wasser zu trennen. Nichtsdestotrotz gelten die Israelis, nicht ohne Grund, als Pioniere in den genannten Gebieten. Immerhin wurde 2009 etwa 35% ihres gesamten Wasserbedarfs durch Recycling und Entsalzung gedeckt und die Regierung will

---

[9] Vgl. ebd.
[10] Vgl. Prime Minister's Office, National Council for Research and Development: Scientific research in Israel, S. 69.
[11] The Israel Project: Israels Innovationen in der Landwirtschaft:
http://www.theisraelproject.org/site/apps/nlnet/content2.aspx?c=ewJXKcOUJIIaG&b=7724169&ct=11494341 zuletzt aufgerufen am 12.05.2013.
[12] Vgl. ebd.
[13] Vgl. Alroi-Arloser, Grisha: Grundzüge des Wirtschaftssystems, S. 48.

sogar bis 2020 den Trinkwasserbedarf vollständig durch Meerwasserentsalzung decken.[14]

Nicht wegzudenken sind ebenfalls Israels Bemühungen in der Züchtung neuer, resistenter Obst- und Gemüsesorten. Es sind wieder die Unternehmen im Land, die große Erfolge erzielen, zum Beispiel ist die hier zulande beliebte Kirschtomate ursprünglich ein israelisches Produkt.[15] In diesem Gebiet wird natürlich auch mit GMOs, also genetisch modifizierten Organismen gearbeitet. Es gibt aber auch Firmen, die der Gentechnik abgeschworen haben, und trotzdem weltweit mit geschmacklich guten, schönen und resistenten Sorten Erfolg haben.[16]

Es gibt noch eine Vielzahl weiterer israelischer Erfindungen und Weiterentwicklungen, die nicht nur der Landwirtschaft Israels Aufschwung verschafft haben. Gerade Bauern in Entwicklungsländern, vor allem in Afrika, kaufen gerne bei israelischen Agrotech-Firmen ein.[17]

Landwirtschaftliche Forschung war der erste Forschungsbereich des Landes und mit seiner Entwicklung konnte Israel sich international einen Namen machen als innovative und fortschrittliche Kraft in der Welt der Wissenschaft.

Entfaltung der israelischen Forschung nach 1948

1948 hatten sich in Israel schon längst Infrastrukturen wie Schulen, Gemeindeverwaltungen und sogar eine nationale Wasserverwaltung gebildet. Die Staatsgründung war in gewissermaßen überfällig. Doch erst diese gab Forschungseinrichtungen die Möglichkeit, sich mit staatlicher Hilfe national zu organisieren und vor allem international mit anderen zu kooperieren. Israel, damals für die Welt der Wissenschaft noch relativ unbedeutend, schaffte es also in einem halben Jahrhundert sich dort einen Namen zu machen.

---

[14] Vgl. Kinet, Ruth: Israel fischt Trinkwasser aus dem Meer: http://dw.de/p/KaxE zuletzt aufgerufen am 12.05.2013.
[15] Vgl. The Israel Project: Israels Innovationen in der Landwirtschaft:
http://www.theisraelproject.org/site/apps/nlnet/content2.aspx?c=ewJXKcOUJIIaG&b=7724169&ct=11494341 zuletzt aufgerufen am 12.05.2013.
[16] Vgl. ebd.
[17] Vgl. ebd.

1949, weniger als ein Jahr nach der Staatsgründung, rief die erste Israelische Regierung den „Research Council of Israel" ins Leben, welcher später nach einer Umstrukturierung in „National Council for Research and Development" umbenannt wurde.[18] Dieser sollte zur obersten Instanz der Forschung in Israel werden und ein Bindeglied zwischen Regierung und Hochschulen schaffen. Um der Wissenschaft im Land Aufschwung zu verleihen, wurde zwischen 1949 und 1956 eine Vielzahl an neuen, spezialisierten Forschungseinrichtungen vom „Research Council" gegründet, wie zum Beispiel ein Forschungslabor, das sich nur mit dem Totem Meer und seine Ressourcen beschäftigt.[19] Mit dem zusätzlichem Knowhow, das dadurch zu Verfügung stand, war auch der Wirtschaft geholfen und langfristig gesehen gilt: geht es der Wirtschaft gut, wird eher in die Forschung investiert. Auch viele Ministerien wollten nicht auf den Rat von Wissenschaftlern verzichten und schufen Einrichtungen, die in für ihre Kompetenzbereiche relevanten Gebiete aktiv sind.[20]

Rolle der deutsch-israelischen Wissenschaftskooperation

Eine Schlüsselrolle in der Entwicklung der Forschung in Israel spielte auch die deutsch-israelische Wissenschaftskooperation. Sie war für beide Länder von großem Vorteil, nicht nur auf wissenschaftliche Ebene. Bereits in den 1950er Jahren, als der Holocaust noch schmerzlich nahe war, fanden vorsichtige Annäherungen zwischen deutschen und israelischen Forschern statt, bevor schließlich 1959 die Zusammenarbeit zwischen der Max-Planck-Gesellschaft – das heutige Max-Planck-Institut – und dem Weizmann Institute of Science offiziell begann.[21] Noch heute bilden diese zwei Institute die Hauptorgane der Kooperation und bringen zusammen Großes zustande.

Doch in den frühen Jahren der Kooperation fiel es Forschern nicht leicht, ihren Partnern zu vertrauen, die Wunden, die der Krieg hinterlassen hatte, waren

---

[18] Vgl. Prime Minister's Office, National Council for Research and Development: Scientific research in Israel, S. 9.
[19] Vgl. ebd., S. 9.
[20] Vgl. ebd., S.9 f.
[21] Vgl. Bundesministerium für Bildung, Wissenschaft, Forschung und Technologie: Eindrücke und Erfahrungen über die deutsch-israelische Wissenschaftskooperation, S. 11.

kaum verheilt. Oft hatten sie oder ihre Angehörigen bedenken, was Austausch-programme anging. Doch Vorurteile konnten schließlich beiseite geschafft wer-den und „viele politische, historische und wissenschaftliche Gegensätze [über-wunden werden]"[22]. Teilweise entstanden enge Freundschaften zwischen den Wissenschaftlern und manche behaupten sogar, Deutschland sei „Israels natür-licher Partner"[23].

Eine wichtige Rolle kam der Minerva-Stiftung zu, eine Tochter des Max-Plack-Instituts, die im Rahmen der Kooperation bereitwillig Projekte des Weizmann-Instituts förderte. Dabei kamen nicht selten Verfahren und Techniken heraus, die später weltweit angewandt wurden.

Die Folgen dieser Kooperation überschreiten den wissenschaftlichen Rahmen. Die Partnerschaft zwischen den zwei großen Forschungseinrichtungen beider Länder war der Wegbereiter für die Aufnahme diplomatischer Beziehungen zwi-schen beiden Staaten. Eine Beziehung, die heute in beiden Regionen nicht wegzudenken ist. Zudem halfen sich beide Länder gegenseitig, auch politisch. Für Deutschland war die Wissenschaftskooperation mit Israel ein Weg der Wie-dergutmachung, man konnte der internationalen Gemeinschaft zeigen, dass man kein antisemitisches Land mehr ist. Willy Brandt verdeutlichte diesen As-pekt 1973, bei seinem Besuch im Weizman-Institut, mit den Worten: „Wir fingen wieder an, wie andere Völker zu sein, als Professoren nicht nur aus Amerika und Russland, nicht nur aus Frankreich und Polen, sondern auch aus [Israel] zu uns kamen, um mit uns zusammenzuarbeiten."[24] Für Israel war die Partner-schaft mit Deutschland ein gutes Mittel, um sich der europäischen Gemeinde anzunähern und dort stärker aktiv zu werden. Vor allem israelische Wissen-schaftler hatten es nach dem Erfolg mit Deutschland leichter sich auch mit an-deren europäischen Kollegen auszutauschen. Durch diese vielen Aspekte ge-wann Israel an wissenschaftlichen sowie politischen Einfluss. 1996 wurde der Staat schließlich zum ersten nicht-europäischen Land, das am Forschungs-Rahmenprogramm der Europäischen Union förmlich beteiligt war.

---

[22] Dr. Amnon Barak, zitiert nach: Bundesministerium für Bildung, Wissenschaft, Forschung und Technologie: Eindrücke und Erfahrungen über die deutsch-israelische Wissenschaftskooperati-on, S. 12.
[23] Prof. Uzy Smilansky, zitiert nach: Bundesministerium für Bildung, Wissenschaft, Forschung und Technologie: Eindrücke und Erfahrungen über die deutsch-israelische Wissenschaftsko-operation, S. 13.
[24] Willy Brandt, zitiert nach: Gerwin, Robert: Gemeinsamer Brückenschlag in die Zukunft, S. 6.

Neuorientierung der Forschung in Israel ab den 1990ern

In den 1990ern erhielt die nationale Forschungspolitik „neue Akzente [und wurde] auf die Erfordernisse des 21. Jahrhunderts sowie auf engere Kooperation mit der Wirtschaft orientiert"[25]. Konkret heißt das für die Wissenschaft im Land, neue Schwerpunkte zu setzen, wie Telekommunikation, Hightech und Agrartechnologie. Das sind die Bereiche, in denen die neue „wissensbasierte" Wirtschaft Israels international aktiv wird und Wettbewerbsfähigkeit beweisen kann.[26]

Diese „wissensbasierte" Wirtschaft beruht auf hohen Investitionen in die Forschung von Seiten des Staates und genug qualifizierten Arbeitskräften. Kein Land der Welt investiert pro Kopf mehr als Israel in die Forschung und Entwicklung und die Akademikerquote ist entsprechend hoch. Rabbiner Shaul Friberg, seit 2008 Hochschulrabbiner an der Hochschule für Jüdische Studien in Heidelberg, meinte dazu im Spaß: „In Israel ist jeder Akademiker"[27]. Tatsächlich betrug die Quote 2008 stolze 29%.

Unter anderem verantwortlich für diese Quote ist die Ende der 1980er Jahre einsetzende massive Einwanderung von russischsprachigen Juden aus Ländern der ehemaligen UdSSR. Erstaunlich war bei den Immigranten der extrem hohe Bildungsgrad, denn rund 60% von ihnen besaßen einen Hochschulabschluss.[28] Außerdem führte die Immigrationswelle Mitte der 1990er zu einer Konjunkturwelle, die auch eine Vervielfachung der angemeldeten Patente und eine Verdoppelung der zitierten israelischen Forscher in internationalen Fachzeitschriften mit sich trug.[29] Zusätzlich erfuhren die meisten Forschungsberei-

---

[25] Altenmüller, G. Hartmut: Israel – neue Forschungspolitik und das Rahmenprogramm der Europäischen Union: http://www.spektrum.de/alias/dachzeile/israel-neue-forschungspolitik-und-das-rahmenprogramm-der-europaeischen-union/823397 zuletzt aufgerufen am 16.05.2013.
[26] Vgl. Alroi-Arloser, Grisha: Grundzüge des Wirtschaftssystems, S. 44.
[27] Rabbiner Shaul Friberg im Gespräch mit unserem Seminarkurs bei unserem Besuch in der HfJS in Heidelberg am 25.04.2013.
[28] Vgl. Glöckner, Olaf: Russische Juden in Israel: http://www.bpb.de/internationales/asien/israel/45119/russische-juden
[29] Vgl. ebd.

che durch die vielen russischen Wissenschaftler „einen beispiellosen Innovationsschub"[30].

Doch trotz dieser glänzenden Erfolge und einer rasanten Entwicklung, lief nicht alles perfekt in Israel. Zur Jahrtausendwende verschlechterte sich die Wirtschaftslage und die zweite Intifada führte zu enormen Ausgaben im Sicherheitssektor. Die Folge: Kürzung der öffentlichen Forschungsgelder.[31] Als wäre das nicht genug, riefen 2002 zwei britische Forscher zum akademischen Boykott Israels auf, jede Zusammenarbeit sollte eingestellt werden, bis die damalige Sharon-Regierung einen anderen Weg zur Lösung des Konflikts als Repression und Vergeltung wählen würde.[32]

Israels Forschung ist ein Motor der das Land schnell und zuverlässig voranbringt, doch er kann auch geschädigt werden wie oben aufgezeigt. Vor allem in solchen Fällen ist er auf die Hilfe des Staates angewiesen, genau wie andersherum der Staat auf Erfolge der Forschung angewiesen ist.

Israel als Hightech-Nation

Eine genauere Betrachtung verdient die Hightech-Industrie. Wieso entwickelte sich diese Industrie gerade in Israel so schnell? Das liegt an vier Faktoren die in Israel zusammenkamen: militärische Notwendigkeiten, Einwanderung, Politik und Bildung.[33]

Tatsächlich war es die Armee, die die israelische Hightech-Forschung mehr oder weniger erfunden hat. Israel war seinen Gegnern in der Masse immer Unterlegen und war darauf angewiesen, dies mit besserer Technik auszugleichen. So investierte der Staat sehr viel in die Militärforschung und gewann Kriege dank hochentwickelter Waffen und optimierter Systeme. Nach dem Ende des Ost-West-Konflikts wurde aufgrund verbesserter Sicherheitslage erstmals der Verteidigungshaushalt gekürzt und die Truppenstärke verringert. Unter den vielen Entlassungen waren auch viele Ingenieure und Softwareexperten, die da-

---

[30] Ebd.
[31] Vgl. Krauter, Ralf: Wissenschaft zwischen Thora und Terror: http://www.dradio.de/dlf/sendungen/wib/180185/ zuletzt aufgerufen am 16.05.2013.
[32] Vgl. ebd.
[33] Vgl. Alroi-Arloser, Grisha: Grundzüge des Wirtschaftssystems, S. 46.

raufhin oft eigene Hightech-Unternehmen aufbauten, welche erfolgreich Militär-technologie in zivilen Produkten nutzten.[34]

Die bereits erwähnte große Immigrationswelle, Ende der 1980er, gab auch der Hightech-Forschung Schwung.

Eine wichtige Rolle spielt auch die Bildungspolitik. Bei bereits hoher Abiturab-schlussquote und hohem Akademikeranteil der Bevölkerung gibt die Verstri-ckung von Regierung, Universitäten und Industrie der eh großen Anzahl an Studenten zusätzlich die Möglichkeit noch in der Studienzeit Kontakte mit High-tech-Unternehmen zu Knüpfen.[35] Das soll die hervorkommenden Ingenieure in das Silicon-Wadi locken, der israelischen Version des Silicon-Valley in Kalifor-nien, also einer Oase für bestehende Hightech-Firmen und Neugründungen.

Die israelische Hightech-Branche war vor allem bekannt für ihre revolutionäre Agrartechnologie und ihre Innovation im Bereich der Informatik. Aus letzterem, sind heute alltägliche Erfindungen wie der USB-Stick, Firewall, WLAN-Technologien oder Doppelkernprozessoren bekannt. Seit ein paar Jahren mischt sie aber auch in den Bereichen Medizintechnik und Biotechnologie ganz vorne auf dem Weltmarkt mit.[36]

Die Hightech-Nation Israel hat auch einen Ruf als Startup-Nation. Nach den USA werden dort die meisten Startup-Unternehmen gegründet, im Verhältnis zur Einwohnerzahl ist Israel sogar führend. Investoren stecken gerne viel Risi-kokapital in solche israelischen Neugründungen, denn es lässt sich mit ihnen viel Geld verdienen. Allerdings passiert es schnell, dass ein Startup pleitegeht, gerade bei einer schwächelnden Wirtschaft. In solchen Fällen finden sich meist nicht allzu schwer Aufkäufer. Weltmarktführer wie IBM, Intel, Google, Microsoft oder Apple sind interessiert an kleinen israelischen Unternehmen, wegen ihren Technologien, aber auch wegen der dort tätigen Ingenieure, denn nicht selten werden solche Aufkäufe zu neuen Forschungsstätten der großen Unterneh-men.[37] Überhaupt eröffnen sie gerne neue Firmensitze in Israel, denn dort sind vor allem die Rahmenbedingungen für ihre firmeninterne Forschung optimal. Saul Singer, Autor des Bestsellers „Start-up Nation Israel", vermutet sogar die

---

[34] Vgl. ebd., S. 46.
[35] Vgl. ebd., S. 46.
[36] Vgl. ebd., S. 46
[37] Vgl. Steinschaden, Jakob: „Ganz Israel lebt Hightech": http://futurezone.at/b2b/7335-ganz-israel-lebt-hightech.php zuletzt aufgerufen am 17.05.2013.

Startup-Szene würde helfen den Nahen Osten zu stabilisieren: „Auf beiden Seiten warten Start-ups nur darauf, bis die Schranken fallen, um in den jeweils anderen Markt vorzudringen"[38].

Weniger auffällig sind die Forschungen zum Thema alternative Energien. Obwohl die Umweltbedingungen zur Gewinnung eigentlich optimal sind, spielen diese Energien für die israelische Stromversorgung kaum eine Rolle.[39] Auch hier kommen Hightech-Technologien zum Einsatz. Dabei ist das Ziel für die Massenproduktion geeignete Sonnenkollektoren zu entwickeln und so die Investitionskosten zu drücken, bis sie schließlich konkurrenzfähig sind zur Verbrennung von Kohle und Öl.[40] Eine Möglichkeit dafür ist ein Parabolspiegel, der im Negev von Solarforschern aufgebaut wurde. Die Schüssel verwendet auf einer Sammelfläche von 420 Quadratmetern das billige Material Glas um alle Sonnenstrahlen auf einen Punkt in der Mitte zu fokussieren. In diesem Brennpunkt, hängt dann auf einem Quadratmeter ein hitzeresistentes Solarpanel. Die Anlage liefert „tausendmal mehr Energie pro Quadratmeter Solarzellenfläche"[41] und effizienter genutzte Solarzellen bedeuten, dass sie billiger werden, da für dieselbe Menge an Energie weniger Zellen gebraucht werden.

Dieses Beispiel zeigt, dass Israel trotz seines Rufs als Hightech-Vorreiter, seine Möglichkeiten nicht voll ausschöpft und bei richtiger Förderung der entsprechenden Bereiche sich weitere vielversprechende Wege eröffnen würden. Es könnte also sein, dass uns das kleine Land noch Überraschungen bereithält.

---

[38] Saul Singer, zitiert nach: Steinschaden, Jakob: „Ganz Israel lebt Hightech":
http://futurezone.at/b2b/7335-ganz-israel-lebt-hightech.php zuletzt aufgerufen am 17.05.2013.
[39] Vgl. Krauter, Ralf: Wissenschaft zwischen Thora und Terror:
http://www.dradio.de/dlf/sendungen/wib/180185/ zuletzt aufgerufen am 16.05.2013.
[40] Vgl. ebd.
[41] David Faiman, zitiert nach: Krauter, Ralf: Wissenschaft zwischen Thora und Terror:
http://www.dradio.de/dlf/sendungen/wib/180185/ zuletzt aufgerufen am 16.05.2013.

Fazit

Es hat sich bestätigt, dass die Wissenschaft eine unverzichtbare Rolle in der Entwicklung Israels gespielt hat. Zu den Zeiten der ersten Siedler war sie schlicht notwendig, um mit dem trockenen Klima umgehen zu können und zu überleben. Nach der Staatsgründung ermöglichte sie eine rapide Weiterentwicklung der Infrastrukturen und führte zum Boom der Landwirtschaft. Ferner half sie Israel diplomatische Beziehungen zu Europa aufzunehmen und sich international als innovative Kraft zu profilieren. Ab den 1990er Jahren steht sie dann als treibende Kraft an der Seite der neuen Wirtschaftszweige und lässt Israels Sprung zur Hightech-Nation rasant erfolgen. Heute ist die Forschung gefragt zur Lösung gegenwärtiger und zukünftiger Probleme und zur Sicherung von Israels führender Position in den genannten Gebieten.

Manche Visionäre blicken aber noch weiter. Staatspräsident und Friedensnobelpreisträger Shimon Peres wünscht sich „die wissenschaftliche Zusammenarbeit über Ländergrenzen hinweg als treibende Kraft für dauerhaften Frieden im nahen Osten"[42]. Frieden durch Wissenschaft: Für mich eine schöne Vorstellung. Doch wie kann es soweit kommen? Vielleicht sollte Israel eine Wissenschaftskooperation mit arabischen Ländern versuchen und vielleicht sollte Palästina allgemein mehr in Wissenschaft und Bildung investieren, nach dem Beispiel Israels.

Man kann nie genau sagen was die Zukunft bereithält, aber man kann ungewöhnliches wagen, innovativ sein. Sicher würde es nicht schaden, wenn Israel diese Innovation aus dem wissenschaftlichen Bereich auf seine Politik überträgt und gemeinsam mit Palästina neue Wege schreitet und sich eine Vorreiterposition sichert in Sachen Friedenstiftung.

---

[42] Krauter, Ralf: Wissenschaft zwischen Thora und Terror:
http://www.dradio.de/dlf/sendungen/wib/180185/ zuletzt aufgerufen am 16.05.2013.

Literaturverzeichnis

1. Bücher und Artikel aus Zeitschriften/Sammelbänden

Alroi-Arloser, Grisha: Grundzüge des Wirtschaftssystems, in: Informationen zur politischen Bildung Nr.278, hrsg. von der Bundeszentrale für politische Bildung, Bonn 2008.

Bundesministerium für Bildung, Wissenschaft, Forschung und Technologie: Eindrücke und Erfahrungen über die deutsch-israelische Wissenschaftskooperation, Bonn 1995.

Gerwin, Robert: Gemeinsamer Brückenschlag in die Zukunft: Die vielen Facetten der Zusammenarbeit deutscher Wissenschaftler mit den Forschern des Weizmann-Instituts in Rehovot/Israel, Rehovot 1993

Evenari, Michael: Ökologisch-landwirtschaftliche Forschungen im Negev: Analyse eines Wüsten-Ökosystems, Darmstadt 1982.

Prime Minister's Office, National Council for Research and Development: Scientific research in Israel, Jerusalem 1968.

2. Internetquellen

Altenmüller, G. Hartmut: Israel – neue Forschungspolitik und das Rahmenprogramm der Europäischen Union, zuletzt aufgerufen am 16.05.2013 unter http://www.spektrum.de/alias/dachzeile/israel-neue-forschungspolitik-und-das-rahmenprogramm-der-europaeischen-union/823397.

Glöckner, Olaf: Russische Juden in Israel, zuletzt aufgerufen am 16.05.2013
unter http://www.bpb.de/internationales/asien/israel/45119/russische-
juden.

Hampel, Lea: Israels Wasserproblem, Erdbeeren aus der Wüste, zuletzt
aufgerufen am 11.05.2013 unter http://www.zeit.de/wissen/umwelt/2010-
03/israel-wasser-krise/komplettansicht.

Kinet, Ruth: Israel fischt Trinkwasser aus dem Meer, zuletzt aufgerufen am
12.05.2013 unter http://dw.de/p/KaxE.

Krauter, Ralf: Wissenschaft zwischen Thora und Terror, Forschung in Israel,
zuletzt aufgerufen am 16.05.2013 unter
http://www.dradio.de/dlf/sendungen/wib/180185/.

Spiegel Online: Übernahme-Gespräche: Facebook interessiert sich für
Routenplaner Waze, zuletzt aufgerufen am 13.05.2013 unter
http://www.spiegel.de/netzwelt/web/facebook-interessiert-sich-fuer-
routenplaner-waze-a-899165.html.

Steinschaden, Jakob: „Ganz Israel lebt Hightech", zuletzt aufgerufen am
17.05.2012 unter http://futurezone.at/b2b/7335-ganz-israel-lebt-
hightech.php.

The Israel Project: Israels Innovationen in der Landwirtschaft, zuletzt aufgerufen
am 11.05.2013 unter
http://www.theisraelproject.org/site/apps/nlnet/content2.aspx?c=ewJXKc
OUJllaG&b=7724169&ct=11494341.